1. Auflage 2008

oncken:

Oncken Verlag
Postfach 20 01 52
34080 Kassel
www.oncken.de

Druck: Grafische Werkstatt, Kassel
Satz, Layout und Titelgestaltung: Dietmar Reichert, Dormagen
Fotos: Stefanie Kreutzer
Lektorat: Nicola Bourdon M. A.

Printed in Germany
ISBN 978-3-87939-606-1

Ernst-Peter Weldin

Reifen ist leise

Inspirationen für die Stille

mit Fotos von Stefanie Kreutzer

oncken:

INHALT

LEITWORT

Wenn ich auf Christus sehe, erkenne ich,
dass sein Name Freude heißt.

MARTIN LUTHER

Ein Wort an den Leser

Die folgenden kleinen und leisen Texte sind im Laufe etlicher Jahre entstanden. Es sind Geschenke der Stille, jeder Text ist eine kleine Welt für sich, die irgendwann einmal innerlich lebendig wurde. Sie eignen sich nicht zum schnellen Durchlesen, sie möchten zum Verweilen einladen. Vielleicht können sie für die Leserin und den Leser eine kleine Hilfe sein, eigenem Erleben nachzuspüren und in das Wunder hineinzuhorchen, das man Leben nennt, aber nur dann ein Wunder ist, wenn es mit Gott, der uns in Jesus Christus ganz nahe gekommen ist, verbunden ist.

Ernst-Peter Weldin, Siek im Frühjahr 2008

Gebet

Herr, ich stehe jetzt vor dir,
warte, dass du in der Stille
mich erreichst und dass dein Wille
Brücken baut von dir zu mir.

Schenke mir dein gutes Wort,
bringe Licht in die Gedanken,
überwinde alle Schranken,
lass erblühen, was verdorrt.

Wenn du redest, wird gesund,
was ich lärmend schon versäumte,
und die Ziele, die ich träumte,
klären sich durch deinen Mund.

Weil du kommst zur rechten Zeit,
will ich warten auf die Stunden,
und wenn du mich dann gefunden,
wird mein ganzes Leben weit.

Gott zum Menschen:

Dein

Weg

zu

mir

ist

dein

Weg

zu

dir.

Ich bin das A und das O,
der Anfang und das Ende.

OFFENBARUNG 21,6

Anfang du,
und Ziel.

Quelle du,
und Meer.

Same du,
und Frucht.

Zeugung du,
und Geburt.

Zeit du,
und Ewigkeit.

DU
ALLES.

Von seiner Fülle haben wir alle genommen Gnade um Gnade.

JOHANNES 1,16

Fülle –
ein großes Wort.

Wer hätte nicht gerne
mehr davon?

Kommt zu mir,
so spricht der Herr.

Seid verwurzelt in mir,
so spricht der Herr.

Seid verbunden mit mir,
so spricht der Herr.

Empfangt von mir,
so spricht der Herr.

Ich habe genug davon,
es reicht für euch alle.

Geöffnete Herzen erfahren,
was ich besitze.

Nur leere Hände
können empfangen.

Kommt und nehmt,
denn ich bin sehr reich

für euch,
weil ich euch liebe.

Der Mensch zu Gott:

Ohne dich
bin ich blind.

Ohne dich
bin ich stumm.

Ohne dich
bin ich lahm.

Ohne dich
bin ich schwach.

Ohne dich
bin ich nichts.

Zu Jesaja 55,6-13

Gott,
der durch Jesus ruft,
lädt dich ein,
umzukehren zu ihm,
weil er dich liebt.

Du hast es nötig,
deine Gedanken und Wege
einzustimmen auf den,
der dein Schöpfer ist,
weil du von ihm lebst.

Er wirkt durch sein Wort,
das geschieht
in vielen Gestalten,
klärt und heilt.

Hörst du darauf,
wird etwas aus dir:
Statt Dornen
wachsen Zypressen,
und dein Leben gelingt.

55

Lasst uns aufsehen zu Jesus, dem Anfänger und Vollender des Glaubens.

HEBRÄER 12,2

Schaut nur auf Jesus, den Sohn,
dessen Liebe euch trägt,
der, wo die Schwächen drohn,
Wollen für Handeln wägt.

Mag eurer Nöte Last
ringen mit armer Kraft,
einer gewährt euch Rast
mit starker Meisterschaft.

Bleibt seiner Treue nah,
wartet auf sein Geleit,
auch in der dunklen Nacht

ist sein Versprechen da,
immer für euch bereit,
dass sein Erbarmen wacht.

O Land, Land, Land,
höre des Herrn Wort!

JEREMIA 22,29

Lauf weg,
das Wort
holt dich ein.

Versteck dich,
das Wort
sieht dich doch.

Lärme nur,
das Wort
behauptet sich.

Steh still,
das Wort
heilt dich.

Herr, du weißt alle Dinge.

JOHANNES 21,17

Bevor
Lippen sagen,
hörst du
schon
die Worte.

Bevor
Hände tun,
wägst du
schon
die Tat.

Bevor
Füße gehen,
siehst du
schon
das Ziel.

Bevor
Gefühle atmen,
weißt du
die Folgen.

Bevor
ich erkenne,
hast du
schon geführt.

Erfahrungen mit Gott

Du
redest
im
Schweigen.

Du
beschenkst
im
Verweigern.

Du
handelst
im
Ruhen.

Du
bleibst
im
Vergehen.

Du
belebst
meine
Müdigkeit.

Zusspruch

Was Gott zeigt,
wirst du sehen.

Was Gott ansagt,
wirst du verstehen.

Was Gott schenkt,
wirst du fühlen.

Was Gott sendet,
wirst du finden.

Was Gott will,
wird rechtzeitig.

Ermutigung

Was
du Gott sagst,
wird von ihm
verstanden.

Was
du Gott schenkst,
sendet er dir
vielfältig zurück.

Was
du Gott anvertraust,
ist bei ihm
geborgen.

Was
du Gott übergibst,
wird durch ihn
verwandelt.

Was
du für Gott lebst,
macht dich
reich.

Gewissheit

Die
nach dem Herrn
fragen,
sehen den Weg.

Die
für den Herrn
leben,
wachsen an Kraft.

Die
bei dem Herrn
bleiben,
finden das Ziel.

Gebet

Was
ich dir übergab,
bleibe bei dir.

Was
ich von dir erbat,
gewähre mir.

Was
ich für dich bin,
gebrauche du.

Was
ich dir sein möchte,
wirke du.

Will mir jemand nachfolgen, der verleugne sich selbst und nehme sein Kreuz auf sich und folge mir.

MATTHÄUS 16,24

Dein Kreuz
ist
Gottes Plan mit dir.

Dein Kreuz
ist,
was du brauchst.

Dein Kreuz
ist
dein Osterweg.

Gespräch mit Gott in der Nacht

Mein Vater,

meine Kräfte
fliehen,

meine Schritte
stolpern,

meine Hoffnung
sinkt.

Mein Kind,

meine Liebe
übersieht dich nicht,

meine Führung
macht nichts falsch,

meine Treue
ist alles, was du brauchst.

Loslassen

Die Not,
die du
Gott anvertraust,
wird sein Sorgen
für dich.

Der Weg,
den du
Gott überlässt,
wird sein Handeln
für dich.

Das Heute,
das du
Gott lebst,
wird sein Morgen
für dich.

Wir wissen aber, dass denen, die Gott lieben, alle Dinge zum Besten dienen.

RÖMER 8,28

Herr, der du beistehst und gibst
den nach dir Fragenden,
der du die Demütigen liebst
und die Verzagenden:

Sende die Macht deines Tuns
in ihre Leiden,
dass mit der Weise des Ruhns
sie sich bescheiden.

Gib ihnen festes Vertraun,
dass sie auf dich allein schaun,
lass deine Hilfe sie sehn,

dass sie auf den Wegen gehn,
an deren Ende du stehst,
und ihre Tränen verwehst.

Was bleibt

Straßen
vergessen
deine Schritte.

Menschen
vergessen
dein Gesicht.

Nächte
vergessen
dein Leid.

Tage
vergessen
deine Arbeit.

Zeit
vergisst
dein Leben.

Gott
vergisst
dich nicht.

Da ist keiner, der gerecht sei, auch nicht einer.

RÖMER 3,10

So halten wir nun dafür, dass der Mensch gerecht werde ohne des Gesetzes Werke, allein durch den Glauben.

RÖMER 3,28

Reformationslied

Herr, unsere Gerechtigkeit
ist vor dir wie ein altes Kleid,
verbraucht durch leeres Hasten.
Wir bauen stolze Pläne auf,
nehmen der Sünde Macht in Kauf,
ermüden an den Lasten.

Wir suchen einen Weg zu dir
nach unsrer Weise, krank und wirr,
erwarten sein Gelingen.
Wir weisen deinen Rat zurück
und scheitern jeden Augenblick
an unsrem falschen Ringen.

Du aber siehst auf unsre Not
und sendest uns dein gutes Wort
in Christus, deinem Sohne.
Er ruft uns in das Heil hinein,
lässt unsre Schuld vergeben sein,
verbürgt sich, dass Gott schone.

Herr, ewige Gerechtigkeit
ist dein Geschenk für jede Zeit
an alle, die da glauben.
Wir halten uns an deinen Sohn,
empfangen seines Werkes Lohn,
den niemand uns kann rauben.

Ein jegliches hat seine Zeit.

PREDIGER SALOMO 3,1

Zweig
Knospe
Blatt
Blüte
Frucht

leben
wachsen
lieben
erkennen
reifen

erfahren
fühlen
wollen
gestalten
vollenden

Himmel
Wolke
Meer
Welle
Strand

Lied der Wurzeln

Wir
leben im Dunkel
und dienen
dem Licht.

Wir
empfangen viel
und verschenken
alles.

Wir wagen Tiefe
und verwandeln
in Höhe.

Wir
werden zart
und gewähren
Halt.

Wir
sind verborgen
und offenbaren
den Baum.

Ein Baum als Lehrer

Mein Standort
ist mein Schicksal.

Ich verwandle ihn
in meine Gestalt.

Ich bekenne mich
zu meinem Ursprung.

Ich bin,
was ich wurde,

durch meine
Verwurzelung.

Baum am Felsen

Steinenwelt nur –
wie eine
Verweigerung
für Leben.

Aber
ein Same
wagte
den Keim.

Und
er
wurde
zum Baum.

Karger zwar
als die Brüder
auf freundlichem
Grund,

narbenreich auch
von den Stürmen,
doch erhaben
wie sie.

Das Samenkorn

In der Erde
geborgen,
wird es allein.

In der Zeit
geborgen,
wird es Pflanze.

In der Gnade
geborgen,
wird es Frucht.

Blick auf eine Sommerlandschaft

Wolken vom Meer;
sie finden sich
und segeln weiter.

Schweigender
Wald,
hingeduckt.

Von
ihm behütet,
goldreifes Feld.

Davor
ein Farbenlied
von Heckenrosen.

Friede
einer Stunde,
Reifen ist leise.

Wilder Wein

Wachsen
an dem,
was den Weg
verwehrt.

Mauern
nötig haben
zur Entfaltung
nach oben.

Höhe
gewinnen
an dem Harten,
sehr zart.

Beim Betrachten einer Silberdistel

Wie eine
Blüte
möchte ich sein:

Mich
der Zeit
überlassen,

das Licht
des Sommers
trinken,

mich
Gott
öffnen,

und
einfach nur
leuchten.

Die Christrose

Dunkles Erdreich
und Wolkengrau.

Winter
regiert.

Aber inmitten
solcher Armut

Blattwerk,
einem Neste gleich;

und in
seinem Schutz

weißer Glanz
der Christrose.

Du Leben
in der Öde,

du Blühen
gegen die Leere,

du Ja
im Nein,

du Verheißung
von Frühling,

Dank
für dein Blühen.

Herbstabend nach der Ernte

Abgeerntete Felder
vertiefen die Weite
der Ebene.

Pendelschlag
von Saat und Ernte
ruht sich aus.

Gefüllte Scheunen
bergen den Sommer
als Frucht.

Aber mein Herz,
anderen Zeiten gehörend,
reift nach eigenem Maß.

Winterweg

Erstarrte Wegspuren,
Bäume
unter der Last
von Schnee.
Frost.

Winterfest
sein.
Leben
ruht
für morgen.

Der Zugriff
der Kälte
schadet nicht.
Er ist Übergang.

Alles braucht
einander,
der Frühling
den Winter,
so ist es.

Alles ist Werden.
In der großen
Symphonie,
Leben genannt,
ist ein jedes wichtig.

Wolken

Sagt,
ihr Farbenreichen,
ihr Eilenden,
ihr Leisen,
was ist
euer Sinn?

Das Meer
gebar uns,
die Erde
trinkt uns,
die Sonne
verwandelt uns.

Wir sind
unser Sein
durch die Sonne.
Lernt daraus,
und empfangt
euren Sinn
von Gott.

Das Leben spricht

Schau gut hin,
in vielen Weisen
und Gestalten
bin ich
um dich.

Und dann
verweile bei mir
und rede mich an.

Deine Worte
erlösen
mein Schweigen
in dein
Verstehen hinein.

Auf dem See

Noch
gilt es
zu rudern.
Was als Ufer
auftaucht,
will erst
erreicht sein.

Noch
ist der Wellengang
wichtiger
als die Landung.
Das Ufer
trägt erst
nach dem Betreten.

Noch
ist der See
die Aufgabe.
Das Land
nähert sich ohnehin.
Allein der Ruderschlag
zählt im Augenblick.

Hier und Jetzt

Der Einsatz
für dein Ziel
ist
das Ziel
deines Einsatzes.

Die Fürbitte
für das Leben um dich
ist
das Leben
deines Gebetes.

Die Liebe
zu deinem Weg
ist
der Weg
zu deiner Liebe.

2196

Von den Gegebenheiten

Nicht alles
kann ich
verstehen,
aber was Gott schickt,
möchte ich
annehmen.

Nicht alles
kann ich
bewältigen,
aber alles
möchte ich
vertiefen.

Nicht alles
kann ich
erklären,
aber alles
möchte ich
verwandeln.

Lernen

Angesichts
der Frage,
was die Woche
brachte,
verläuft die Antwort
kleinlaut.

Loslassen
geschah halbherzig,
Warten
bäumte sich auf,
Weitergehen
kroch wehleidig.

Angesichts
der Woche,
die ansteht,
beginnt
die alte Lektion
von Neuem.

Hingabe

Einfach nur leben,
was gerade wichtig ist,
auch wenn es
der Neigung widerspricht.
Wünschenswertes
hingeben an das,
was Gott will.
Und dann
sehen,
was ER
daraus macht.
Ja zum Nötigen –
und die Zukunft
wird offen,
weil Gott
das Sagen
und
das Werden
zukommt.

Zuversicht

Lehn dich
an die Hoffnung an,
sie hat
starke Schultern.

Tauche
in das Schweigen ein,
es heilt
deine Worte.

Wage
kleine Schritte,
mit ihnen
wächst das Ziel.

Vollziehe
deinen Aufbruch,
das Aufgebrochene
gesundet.

Durchmiss
deine Wüste,
der Sand
bleibt zurück.

Die Oase

Irgendwo muss sie sein,
doch die Sohlen
sind abgelaufen
und die Vorräte
werden knapp,
auch die Kräfte
schrumpfen.

Ein Schritt
nach dem anderen!
Ohne
diese Kleinigkeit
wird
aus dem Ziel
nichts.

Am Geburtstag meines Vaters

Mein Vater,
getroffen von einer
russischen Kugel,
ist schon lange
nicht mehr.

Ob
der russische Soldat,
der damals
auf ihn zielte,
noch lebt?

Oder
wurde auch er
schon Erde,
vernichtet durch
eine deutsche Waffe?

Otto Richt

An den russischen Soldaten, der meinen Vater erschoss

Unbekannter Menschenbruder,

vielleicht
verschlang auch dich
der Tod
durch eine Waffe
aus Deutschland.

Vielleicht
wurdest du
nach dem Stahlbad
ein zufriedener Genosse
mit Orden und Familie.

Vielleicht
gerietest du
in die Maschen
des Parteiapparates
und verkamst darin.

Vielleicht
quälst du dich jetzt
in einem Altersheim
mit den Schmerzen
deiner steifen Gelenke.

Vielleicht
gibt es dich noch.
Wie dem auch sei,
ich denke zu dir hin:
Friede sei mit dir.

Die Konservendose

(Szene aus der „Tagesschau“)

1972. Krieg in Vietnam.
Er quälte sich einbeinig
durch den Flüchtlingstreck.
Vor seine Krücken
rollte eine Konservendose.
Jemand hatte sie verloren.
In seinem Gesicht
freudige Erregung.
Er versuchte,
sich danach zu bücken.
Ein anderer war schneller.
Dieser hatte gesunde Beine.
Wie einen Fußball
schoss er die Dose
in den Straßengraben.
Der mit den Krücken
schüttelte verzweifelt
den Kopf.

Das Ehrenband

Im schmelzenden Schnee
am Wegesrand
das Ehrenband
einer Schützengesellschaft
vom Sommer 1983.

Vielleicht
hatte es
ein Betrunkener verloren,
oder ein Enttäuschter
warf es einfach weg.

Warum auch immer,
so daliegend
offenbarte es
seine Wertlosigkeit.

Alte Frau am Strand

Die Augen
halten nichts fest,
die Strümpfe
voller Laufmaschen,
die Haare
verfettet.

Jacke und Rock
tiefschwarz.
Das erklärt manches.
Auch der Pudel
an der Leine
ist kein Lebensinhalt.

Worte der Brücke

Es gibt mich,
und ich

trage Vieles,
verbinde Getrenntes,
verkürze Wege,
überwölbe Tiefen,
schenke Nähe.

Nur, die Schritte
sind deine Sache.

Jakob und Esau

1. Mose 25,29-34

Verführerisch
duftet
Jakobs Küche.

Esaus Magen knurrt;
das Erbe von morgen
sättigt heute nicht.

Suppe
gegen
Erbe.

Die Verlockung
ist nicht mehr
zu bremsen.

Der satte Magen
verhindert nicht
ein böses Erwachen.

Linsen sind
ein dürftiges
Ziel.

Zeitenfolge

Es war einmal –
längst
versunkene Tage.

Es ist nun einmal –
im Meer
treibende Eisberge.

Es wird einmal –
der Schein reifer
Sonnen.

Es ist,
weil es war,
damit es wird.

Vom Gehen

Solange
du sitzt,
gehst du
nicht.

Solange
du nicht gehst,
kommst du
nicht an.

Ich vergesse, was dahinten ist, und strecke mich aus nach dem, was da vorne ist.

PHILIPPER 3,13

Das Ziel

Wie von weit
wächst
das Bild
in mir.

Bisweilen
am Tag
verweigern
Nebel die Sicht.

Auch
Hügel
verstellen
den Blick.

Und manche
Nacht
lagert sich
endlos.

Aber
das Gesehene
wacht
in mir.

Alte Wege reden mich an

Warum nur gehst du uns
immer wieder?

Den Sand
unter deinen
früheren Schritten
spülte der Regen fort.
Auch die Blumen
von damals
verblühten schon.
Und die Bäume
um dich herum
wuchsen derweilen.
Nichts ist mehr wie einst.
Was wir dir einmal gaben,
findest du nur noch in dir.
Kommst du zu uns,
Neues zu empfangen,
dann sei uns willkommen.
Ist dein Kommen aber
nur ein Zurück in das Vorbei,
dann geh uns lieber nicht.
Wir sind nicht mehr das,
wofür du uns hältst.
Unser Verlauf zwar bleibt,
alles Andere ist neu.
Wir sind inzwischen
weitergekommen.

Bist du es auch?

Erkenne dich selbst

Schau
die Landschaft
deines Herzens:
Freu dich
an den Wiesen,
reich mit Blumen
geschmückt,
an den reifenden Feldern,
an den Waldhügeln
voller Frieden und Wachsen.

Aber sieh auch
die Spalten und Grotten
mit abgründigen Tiefen,
die toten Wüsten,
regiert von Steinen und Sand,
die glucksenden Moore,
die zu betreten
lebensgefährlich ist.
Nimm sie zur Kenntnis,
stelle dich ihnen,
stiehl dich nicht feige davon.

Und dann
sichere die Abgründe,
bringe den Wüsten Leben,
mache die Moore urbar,
bestelle den Acker,
wage die Saat,
verändere dich.
Erkenne dich selbst,
dann weißt du,
was zu tun ist.
Und dann
mit Gottes Hilfe ans Werk!

Zu den folgenden Texten

Eine tief im Glauben verwurzelte Christin erfuhr anlässlich einer Untersuchung, dass sie unheilbar erkrankt war und nur noch wenig Zeit zum Leben haben würde. Sie war eine treue Beterin und bis zuletzt in unermüdlichem Einsatz für Menschen um sie herum.

Die Texte entstanden als ein Echo auf die mir anvertraute Sterbebegleitung. Sie wurde für mich zu einer bewegenden Erfahrung, wie ein Mensch im Glauben an Christus das annehmen kann, was Gott für ihn beschlossen hat.

Der Aufbau der Texte ist der Versuch, die radikale Todeserfahrung einzubinden in die Hoffnung auf das Leben, das Jesus Christus gebracht hat. Zwölf Texte, jeweils drei Strophen, jeweils sieben Zeilen. In der Bibel sind die Zahlen Drei, Sieben und Zwölf mit der Bedeutung des Abgerundeten, Vollkommenen, Erfüllten verbunden. Das sollte durch die äußere Gestalt zum Ausdruck kommen.

Auf den Seiten 114, 116, 134 und 136 klingen eigene Beobachtungen des Sterbeweges an, die Texte auf den Seiten 118 bis 132 geben Empfindungen und Bekenntnisse der Sterbenden wieder.

Ein Sterben in das Leben hinein

Für Erika Gottschling, 1907–1984

Christus werde hoch gepriesen,
es sei durch Leben oder durch Tod.

Der Anfang

Unerbittliches
Wissen
zerreißt
die Zukunft.
Nicht mehr
wird sein,
was eben noch war.

Weigerungen
ändern nichts,
der Verlauf
gebietet
dem Weg,
dessen Weiter
krankt.

Grenzen
schrumpfen,
Wünsche
des Herzens
ersticken
am Wachsen
des Unheils.

Die Schmerzen

Abschied
vom Schönen,
Trennung
von Lieben,
Not,
die weiß:
Alles zerrinnt.

Schmerzen
quälen
den Leib,
Nächte wollen
nicht enden
und der Tag
voller Pein.

Aufbäumen
der Gefühle
gegen
Dunkel
und Nacht,
am Ende
Erschöpfung.

Die Fragen

Kann es sein,
dass ein Ende ist?
Werde ich
nicht mehr
gebraucht?
Was wird
ohne mich?

Antworten
schlafen,
das Pochen
der Fragen
verwundet nur
Kräfte
und Herz.

Schweigen
lastet
wie Nebel
über dem Land,
und zuletzt
wächst
die Angst.

Die Einsamkeit

Draußen
geschieht
Leben
ohne mich,
ich bin
nicht mehr
dabei.

Das Vielerlei
eines Tages
kommt gefiltert
zu mir,
quälend,
indem
es schont.

Niemand
erreicht mich
dort,
wo ich bin,
es ist
wie ein Winken
von ferne.

Der Zweifel

Die Brücke
Zuversicht
ist brüchig;
der Boden
Glaube
wankt
beängstigend.

Wo
bist du,
Herr,
wo finde ich
dein Können
in allem,
was ist?

Alles
in mir
klammert sich
an dich,
doch
wie lange
hält mein Griff?

Die Hingabe

Herr,
ich will,
was du willst,
nur handle
gnädig
an mir,
hier bin ich.

Herr,
du kennst
meine Kraft,
verwandle
das Wenige
in ein Genug,
hier bin ich.

Herr,
dir anvertraue ich,
was ich bin,
verwende
mich nur
zu deiner Ehre,
hier bin ich.

Die Tröstung

Wo
der Weg
sich verliert,
wacht
eine Macht,
die nicht
schläft.

Wo
die Hoffnung
flieht,
hält
eine Hand
das Gefährdete
fest.

Wo
die Angst
lauert,
spricht
eine Liebe
unverlierbar
ihr Ja.

Die Geborgenheit

Stille
ist mitten
im Sturm,
denn du,
mein Herr,
bist in allem,
was kommt.

Nähe
bei dir
ist mein Teil,
denn du,
mein Herr,
bleibst trotz allem,
was geht.

Halt
bist du
über der Schlucht,
denn du,
mein Herr,
lässt
nicht los.

Das Vertrauen

Was mir fehlt,
besitzst du,
was ich
dir anbefehle,
ist bei dir
geborgen
für immer.

Wie ein Kind
fasse ich
deine Hand,
das Dunkel
um mich
ist nicht
ohne dich.

Deine Übersicht
ist heller
als alle
Finsternis,
deine Schritte
führen mich sicher
durch lange Nacht.

Der Friede

Christus –
du Sieger,
Burg,
an deren Toren
die Angriffe
zerschellen,
ich bin in dir.

Christus –
du Naher,
Sonnenaufgang
über der Todesnacht,
dein Licht
durchpulst
mein Ende.

Christus –
du Lebensgabe,
meine Verluste
bekommen
durch dich
ein anderes
Gesicht.

Der Abschied

Reden
verstummt,
Hände
versuchen
das Gespräch,
die Ferne
wächst.

Hören
weicht,
Worte
verlieren
den Sinn,
die Stille
erobert.

Fühlen
schläft ein,
Brücken
zueinander
sind nicht mehr,
der Weg
atmet aus.

Das Ziel

Tränen
sind versiegt,
Wandern
ruht aus,
das letzte
Wort
heißt Leben.

Sterbliches
bleibt zurück,
Ende
wird Anfang,
der Tod
wird sterben
am Leben.

Das Ziel
umfängt,
heilend
und ganz
vollendend,
sein Name ist
Christus.

Die vorigen Texte waren Geschenke, die zu ganz verschiedenen Zeiten in der Welt der Stille entstanden. Die beiden folgenden Texte möchten leise Beispiele sein, die einladen, in die Welt der Stille zu gehen, sie zu üben mit Geduld, Gelassenheit und Fleiß. Denn die Stille ist in unserer lauten Zeit der Ort, wo der Weg in das Wesentliche beginnt. Und wenn Christus die Mitte der Stille ist, wird es ein guter Weg.

Meditativer Weg durch Römer 8,28

Wir wissen, dass denen, die Gott lieben,
alle Dinge zum Besten dienen.

Folgende Hinweise dienen als kleine Hilfestellung, einem Meditationsinhalt zu begegnen.

Der innere Weg durch die Meditation umfasst vier Schritte:

Stille – das Hören beginnt.

Schauen – das Hören wird Bild.

Wissen – das Bild reift.

Leben – das Bild trägt Frucht.

STILLE
SCHAUEN
ERKENNEN
LEBEN

Phase I:	STILLE	Zur Stille finden, den Inhalt aufnehmen.
Phase II:	SCHAUEN	Den Inhalt verinnerlichen mit dem Ziel, dass er Bild wird.
Phase III:	ERKENNEN	Die „Früchte" der Phasen I und II mit dem eigenen Leben in Verbindung bringen.
Phase IV:	LEBEN	Das Ziel der Meditation ist, ihre Botschaft im gelebten Alltag zu üben.

PHASE I STILLE

1. Vorbereitungen – zur Stille finden

a) ein ruhiger Raum; Abstellen von Geräuschkulissen; grelle Lichteinwirkungen vermeiden; eine Kerze als Einladung zur Stille anzünden
b) bequeme Sitzhaltung
c) Atemeinstellung, bis ruhiges Atmen möglich wird. Es reicht nicht aus zu wissen, wie man richtig atmet, das richtige Atmen will durch regelmäßiges Training geduldig gelernt werden.

2. Begegnung mit dem Meditationsinhalt Römer 8,28

a) Ich lasse den Text an mich herankommen. Bei Meditationen von Bibeltexten sind verschiedene Übersetzungen eine Hilfe, einzelne Nuancen zu entdecken. Hier einige Übersetzungen:
Wir wissen, dass denen, die Gott lieben, alle Dinge zum Besten dienen. *(Lutherbibel)*
Wir wissen aber, dass denen, die Gott lieben, alle Dinge zum Guten mitwirken. *(Zürcher und Elberfelder Bibel)*
Wir wissen aber, dass denen, die Gott lieben, alle Dinge zum Guten dienen. *(Menge-Übersetzung)*
Das eine wissen wir: Für die, die Gott lieben, muss alles zu ihrem Heil dienen.
(Gute-Nachricht-Bibel)
Wir wissen, dass Gott bei denen, die ihn lieben, alles zum Guten führt. *(Einheitsübersetzung)*
Das eine aber wissen wir: Wer Gott liebt, dem dient alles, aber auch wirklich alles zu seinem Heil. *(Hoffnung für alle)*
Wir wissen aber, den Gott Liebenden wirkt alles zum Guten mit. *(Griechisches Neues Testament)*

b) Der Text sagt mir, dass er allen Gott Liebenden etwas zu sagen hat. Darum ist es wichtig, über die eigenen Gotteserfahrungen hinaus auch die der anderen als Erkenntnishilfe mit einzubeziehen. Also: Wie erleben *wir*, die Gott Liebenden, Gott in unserem Leben?

c) Als Glaubender gehe ich davon aus, dass Gott in den Ereignissen meines Lebens und in dem der anderen an uns handelt. Die Frage entsteht: Wie erleben *wir* Gottes Handeln? Der Einblick in eigene und andere Lebenswege weist aus:

Erste Erkenntnis, die in der Meditation wuchs: Es gibt:

Menschen im Glück	Gott gibt
Menschen im Verlust	Gott nimmt
Menschen in der Sehnsucht	Gott enthält vor
Menschen in der Hoffnung	Gott verheißt

Zweite Erkenntnis:

> Bei keinem Menschen bestimmt ausschließlich eine einzige dieser Erfahrungen sein Leben insgesamt; alle vier Weisen Gottes, an den Menschen zu handeln, tauchen im Verlauf des Lebensweges irgendwann und irgendwie auf, bisweilen auch gemischt.

Wenn in einer Meditation eine Erkenntnis aufsteht, zum Beispiel die obige der vier Wege Gottes, ist das nie eine zeitlos gültige und umfassende Aussage; Gott hat mit Sicherheit noch sehr viele weitere Arten des Handelns. Meditations-Erkenntnisse dokumentieren immer die Einsichten, die im Augenblick der Meditation geschenkt werden.

Das heißt: Alle Meditationserkenntnisse müssen grundsätzlich offen sein für spätere Vertiefungen, Variationen, Korrekturen ...

PHASE II SCHAUEN

Eine Hilfe im Verweilen bei einem Text liegt darin, für die in Phase I gewonnenen Erkenntnisse irgendein Symbol, eine Grafik, ein Bild oder eine Formel zu finden, wodurch die geschenkten Erkenntnisse gewissermaßen als Konzentrat gebündelt werden. Schaut man sich diese Aufzeichnungen an, begegnet einem in dieser konzentrierten optischen Zusammenfassung das Wesentliche wieder. Zu Römer 8,28 entstanden vier einfache Skizzen, „innerlich gesehen“ und dann aufgezeichnet.

Die rote Kreisfläche in den Skizzen ist als Symbol für die Fülle des Lebens eines Menschen gemeint.

Gott gibt.

Assoziationen dazu: Gottes Gaben fließen in das menschliche Leben hinein; man wird beschenkt; Gott segnet; Offenheit für Gott wird zum Einlasstor für seine Gaben an uns; „die Gott lieben": Offensein für Gott in dem Sinne, dass man nicht nur etwas von ihm haben will, sondern auch nach seinem Willen fragt und danach zu leben versucht.

Gott nimmt.

Assoziationen dazu: Verluste erfahren; das Leben bekommt „Macken"; von den Spuren bleibt man gekennzeichnet. Einige Beispiele dazu: Verlust eines geliebten Menschen, Entdeckung einer schlimmen Krankheit ... Grundsätzlich alle Situationen, wo Menschen verzweifelt nach Gott fragen.

Gott enthält vor.

Assoziationen dazu: „Das Leben könnte so schön sein, wenn diese leere Fläche darin nicht wäre ..." Einige Beispiele: unerfüllte Lebenswünsche, unerreichbare Pläne, Sehnsucht nach einem Menschen, Erfahrung der Versuchung, die leere Fläche immer wieder einmal mit eigenmächtigen, unguten Mitteln auszufüllen.

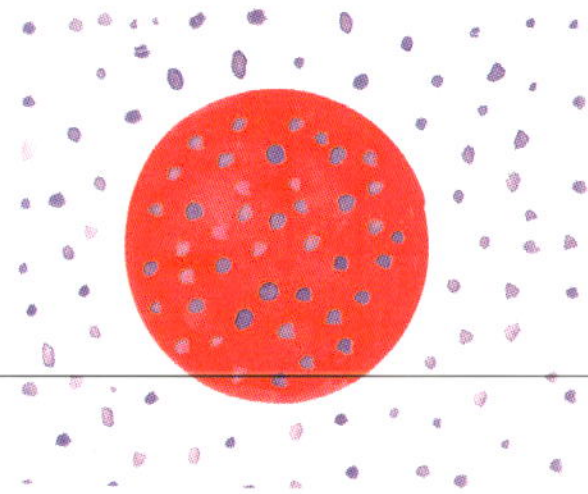

Gott verheißt.

Assoziationen dazu: Das Leben ist von Gottes Treue umgeben. Gott schenkt neue Perspektiven, zeigt neue Wege, Aufgaben und Möglichkeiten. Gott schenkt die Gewissheit, dass er mit uns noch etwas vorhat.

PHASE III ERKENNEN

Ging es bei Phase II um die Vertiefung der eigenen Lebenserfahrung und der anderer, kommt es beim nächsten Schritt darauf an, die persönliche Situation in die Meditation einzuordnen.

Gott gibt:
Hier ist individuell konkret zu betrachten, welche Geschenke von Gott in das eigene Leben gekommen sind.
Frage: Wie gehe ich damit um?
Wünschenswerte Reaktion: Ich möchte mit allem, was Gott mir gab, verantwortlich umgehen.

Gott nimmt:
Hier ist das konkret zu betrachten, was als starkes Defizit aufsteht.
Frage: Warum hat Gott mir dieses zugemutet?
Wünschenswerte Reaktion: Ich möchte mich darin üben, diese Fragen bei ihm abzugeben, weil ich daran glaube, dass er um das Warum weiß.

Gott enthält vor:
Hier ist konkret zu betrachten, welche unerfüllten Wünsche und Sehnsüchte vorliegen.
Frage: Welche Rolle spielen die „leeren Stellen" in meinem Leben?
Wünschenswerte Reaktion: Im Wissen um eigenmächtige Versuche, das Leere in mir auszufüllen, möchte ich lernen, nur das haben zu wollen, was Gott mir zugedacht hat.

Gott verheißt:
Hier ist konkret zu betrachten, mit welchen Hoffnungssignalen und Perspektiven Gott mich beschenkt.
Wünschenswerte Reaktion: Ich möchte von mir aus in meinem Leben für gute Voraussetzungen sorgen.

Diese Meditation erfolgte über einen längeren Zeitraum und ist durch immer neues Verweilen bei Römer 8,28 allmählich gewachsen. Aus diesem Ganzen entstand dann nach einiger Zeit dieser Text:

Herr, du beschenkst uns.
Öffne uns die Augen für deine Gaben,
lehre uns, behutsam damit umzugehen;
gib uns die Kraft, deine Geschenke
zu deiner Ehre zu gebrauchen.

Herr, manchmal nimmst du auch.
Bewahre uns davor, dass wir dann in den Abgrund
des Haderns stürzen; halte uns fest, damit wir uns nicht von dir
abwenden; schenke uns, dass wir im Verlust stille werden können,
weil deine Liebe auch weiter für uns sorgen wird.

Herr, manches enthältst du uns vor.
Bewahre uns davor, eigenmächtig danach zu greifen;
gib uns die Gnade, unsere Wünsche deiner Führung unterzuordnen;
lehre uns die Weisheit, gelassen auf die Stunde
deines Handelns warten zu können.

Herr, manchmal verheißt du uns etwas.
Gib uns den Mut, uns darauf vorzubereiten; hilf uns
zu erkennen, dass die vielen Augenblicke unseres Alltags
Bausteine für morgen sind; behüte deine Zusage fest in unseren Herzen,
damit sie unser Leben hell und getrost macht.

PHASE IV LEBEN

Dazu sind wenige Worte nötig. Es ging darum, einen Wortlaut zu finden, der wie eine konzentrierte Botschaft alle einzelnen Schritte der Meditation so zusammenfasst, dass bei jeder Zeile sofort klar wird, was in der Meditation erlebt worden ist. So entstand der folgende Text.

Wenn Gott
dir etwas gibt,
        behüte es.

Wenn Gott
dir etwas nimmt,
        gib es ihm zurück.

Wenn Gott
dir etwas vorenthält,
        lass es bei ihm.

Wenn Gott
dir etwas verheißt,
        bereite dich vor.

Mit dieser Meditationsbotschaft ist die Meditation an sich abgeschlossen. Aber das Eigentliche kommt erst: die geduldige und regelmäßige Übersetzung in den Alltag hinein. Das heißt: Ja zum Üben, Praxis der Wiederholung. Und: Können durch Üben.

Meditieren darf nie Selbstzweck sein, zum Beispiel ein willkommener Rückzug aus dem Alltag. Meditation wartet darauf, dass ihre Botschaft verleiblicht wird. Meditation ohne Lebensintegration ist eine „Droge", von der man nichts hat. Fazit: Recht verstanden und angewendet möchte Meditation auf der christlichen Basis ein Stückchen positives Lebenstraining sein.

Die Schalen des Gebetes

Eine innere Übung zum Thema „Meditation und Gebet“

Vorbemerkungen:

1. Bei der folgenden Übung geht es darum, dass wir unser persönliches Meditieren und unser Beten miteinander verbinden.
2. Die bewusst kurz formulierten Sätze möchten solange betrachtet werden, bis sie in unserer Vorstellung als klares Bild erscheinen (Imagination).
3. Die sprachlichen Wiederholungen sind gewollt und möchten eine Hilfe zur Sammlung sein (Konzentration).
4. Der häufig auftauchende Hinweis „Stille“ möchte zum Verweilen einladen, damit der unmittelbar vorhergehende Inhalt zu uns reden kann (Meditation).
5. Der Hinweis „Gebet“ möchte dazu einladen, die jeweils aktuellen Inhalte unseres augenblicklichen Lebens in die einzelnen Schalen zu „legen“, sie also im Gebet zu Gott auszusprechen.
6. Der Ausgangspunkt dieser Übung ist ein Anklang an Offenbarung 5,8.
7. Ganz wichtig: Bei dem „Handlungsablauf“ in dieser Übung geht es nicht um die Realität des Beschriebenen, sondern um das Erfassen von Wahrheiten auf dem Wege der Intuition.

DIE SCHALEN DES GEBETES

Vor mir eine kleine Kirche, umgeben von Wald.

Über der Eingangstür die Inschrift: „Friede mit dir“.

Ich betrete den Raum.

Vorne steht ein niedriger Tisch mit fünf großen Kupferschalen.

Dahinter steht ein Engel in weißem Gewand.

Er lädt mich ein, auf einer Bank vor dem Tisch Platz zu nehmen.

Der Engel schaut mich an.

STILLE

I.

„Leg deine Freuden in die erste Schale“, spricht der Engel.

STILLE

Ich lege sie hinein, indem ich sie vor Gott ausspreche: GEBET

STILLE

„Leg deinen Kummer in die zweite Schale“, spricht der Engel.

STILLE

Ich lege ihn hinein, indem ich ihn vor Gott ausspreche: GEBET

STILLE

„Leg deine Liebe in die dritte Schale“, spricht der Engel.

STILLE

Ich lege sie hinein, indem ich sie vor Gott ausspreche: GEBET

STILLE

„Leg deine Ziele in die vierte Schale", spricht der Engel.

STILLE

Ich lege sie hinein, indem ich sie vor Gott ausspreche: GEBET

STILLE

„Leg deine Schuld in die fünfte Schale", spricht der Engel.

STILLE

Ich lege sie hinein, indem ich sie vor Gott ausspreche: GEBET

STILLE

II.

Nun berührt der Engel die Schale der Freuden, und sie schwebt nach oben.

STILLE

Nun berührt der Engel die Schale des Kummers, und sie schwebt nach oben.

STILLE

Nun berührt der Engel die Schale der Liebe, und sie schwebt nach oben.

STILLE

Nun berührt der Engel die Schale der Ziele, und sie schwebt nach oben.

STILLE

Nun berührt der Engel die Schale der Schuld, und sie schwebt nach oben.

Im Raum wird es dunkel. Nach einiger Zeit dunkler Stille erhellt sich der Raum.
Die Schalen stehen wieder auf dem Tisch.

STILLE

III.

Der Engel bringt mir die Schale der Freuden, darinnen eine brennende Kerze.

„Lass die Freude wie ein Licht in deiner Seele leuchten“, spricht der Engel.
(Nehemia 8,10)

STILLE

Der Engel bringt mir die Schale des Kummers, darinnen ein Hirtenstab.

„Wisse dich in der Fürsorge Gottes geborgen“, spricht der Engel.
(1. Petrus 5,7)

STILLE

Der Engel bringt mir die Schale der Liebe, darinnen ein Herz.

„Behüte es wohl“, spricht der Engel.
(Sprüche 4,23)

STILLE

Der Engel bringt mir die Schale der Ziele, darinnen ein Buch.

„Lass dich von Gottes Wort führen“, spricht der Engel.
(Psalm 119,105)

STILLE

Der Engel bringt mir die Schale der Schuld, darinnen ein Kreuz.

„Werde dadurch heil", spricht der Engel.
(1. Johannes 1,9)

STILLE

Der Engel entlässt mich und spricht:

„Nun gehe hin und lebe,

was Gott für dich plant,

und sei immer willkommen,

wenn du mich brauchst."

Ich verlasse den Raum. Friede umgibt mich.